日本料理 淡流の一期一会

中江悠文

金木犀舎

日本料理

はじめに

長い歴史のなかで、日本料理の技術は数多の料理人によって磨かれ、受け継がれてきました。その骨格を崩すことなく自分のものにしたいと、私はこれまで脇目も振らず学び続けてきました。見た目の派手さや流行のパフォーマンスなどに左右されない実直な料理でお客様に真のもてなしを提供したいと、「日本料理 淡流(たんりゅう)」を開店したのが二〇一九年四月。おかげさまでたくさんの方に愛していただき、今年四周年を迎えました。

一年を通して穏やかな気候に恵まれた播磨地域（兵庫県）に、淡流は店を構えています。北は山々に囲まれ、南は瀬戸内海に面しているため、ここでは山海の旬の素材が豊富に揃います。

東京で料理人をしていた頃は、築地市場で瀬戸内海産の立派な鳴門鯛、ハモ、アワビ、車海老、牡蠣などを仕入れていましたが、いまは潮の香りがする漁港へ出向いて漁師さんの話を聞いたり、魚屋さんと相談したりしながら仕入れができます。野菜は農家さんの畑まで足を運んで、畑で育っている姿を目にし、土の匂いを嗅ぎます。農家さんと会話することでより深く素材を知り、その良さを生かす方法を考えることができます。また、季節になれば店の料理人たちとともに私が所有する里山へ入って、筍(たけのこ)やタラの芽、木の芽、わらび、クレソンなどの山の幸を自分たちの手で摘みとっています。

食材ひとつひとつに時間をかけ、手に入れることで、料理に向かう姿勢も自ずと変わります。私を含め料理人たちの知識の幅もぐんと広がるので、お客様からいただくさまざまな質問にも答えられるようになります。目の前で調理の様子を見ていただきながら、お客様と料理人が会話によってコミュニケーションをとることで、お客様により一層、料理を愉（たの）しんでいただけると感じています。

淡流では、陶芸家の盆出哲宣（ぼんであきのり）さんのうつわを多く揃えています。二十代半ばの修行時代に盆出さんの作品に一目惚れして、お金がないなかで少しずつ買い集めてきたものです。盆出さんの作品のほかにも、古いものから現代のものまで幅広く「これは」と感じたうつわは手に入れるようにしています。よいうつわと出会うと、導かれるように食材や盛付などをイメージすることができます。しかし、不自然に格好をつけた料理を盛ったり、何度も迷いながら盛りつけたりすると、うつわの表情を見失うこともあります。陶芸家と料理人の思いが同じ方向を向いていなければ、料理をひとつの作品に昇華させることは難しいのかもしれません。うつわと対話し、切磋琢磨することで、料理の腕も磨かれていくのです。

料理とうつわ、店構え、あしらう花や接客等、いまの私が考えられる最大限のもてなしを淡流で表現してきました。まだまだ道半ばの段階ではありますが、ここでひとまず一冊にまとめ、上梓することにいたしました。茶道の精神「一期一会」を大切に、料理のはじまりから締めくくりとして点てるお茶まで一切の妥協を許さず、今後もひたすらに道をあゆんでまいります。

中江 悠文

二〇二三年六月吉日

日本料理　淡流の一期一会　目次

一期一会

一瞬の出会いに感謝し、誠意を尽くす

一座建立

赤楽筒茶碗

楽3代吉左衛門 道入作　1599-1656

雨過苔猶濕

ワラ灰釉御室焼写シ　口八角下蕪花入　真葛焼

宮川香齋作　1944-

不立文字

文字で伝わるものではない

萩抹茶茶碗
10代三輪休雪作　1895-1981

他(た)はこれ吾(われ)にあらず

鉄瓶　菊池政光作　1937 -
唐物瓶掛　清朝時代　1644 - 1912

且緩々（しゃかんかん）

宝船

堀内宗完作　1919-2015

手の味の美味しさ

食べ手のことを考え、丁寧に切る思いは
手の味となり、美味しい料理となる

鯛

染付開扇向付　4代須田菁華作　1940-

きな粉餅

春駒食籠　楽11代吉左衛門 慶入作　1817 - 1902

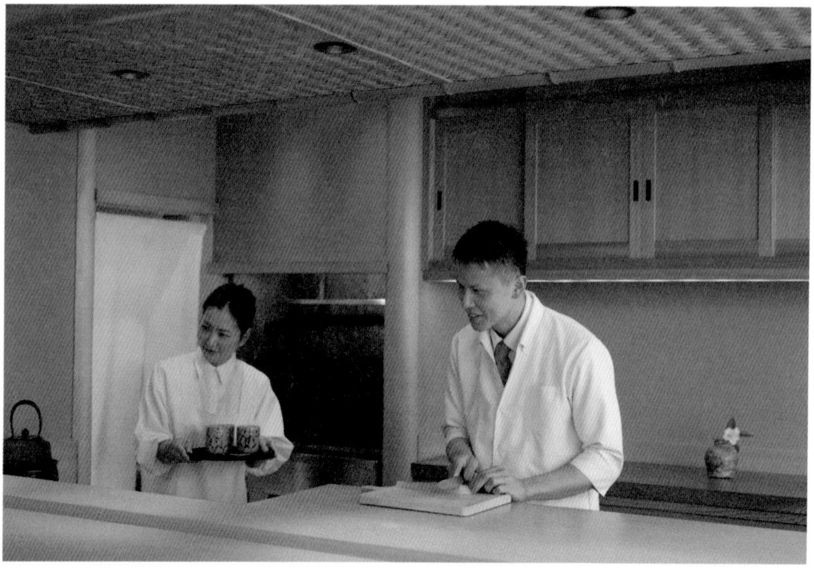

ルーツを知る

大地や海からの恵みを感じ、深く知る

稽古照今

高麗青磁

高麗時代　918-1392

梅は百花(ひゃっか)の魁(さきがけ)

梅の絵茶碗
尾形乾山作　江戸時代

天高一笛清

ワラ灰釉手付片口
盆出哲宣作　1971-

温故知新

故きを温ね新しきを知る
以て師と為すべし

平目
鳴海織部　桃山時代

継続は力なり

三島唐津飯茶碗
盆出哲宣作　1971 -

無事是貴人（ぶじこれきにん）

筒茶碗
大嶺實清作　1933-

閑古錐（かんこすい）

細長燗鍋

大西家7代清右衛門 浄玄作　1720-1783

春入千林処々鶯（はるはせんりんにいるしょしょうぐいす）

烏賊と唐墨

梅花図角皿　尾形乾山作　江戸時代

もてなしの心

季節の彩りを迎え、うつわで伝える

喫茶去

真心から接する

薄

備前花入　小山富士夫作　1900-1975

清流無間断（せいりゅうにかんだんなし）

鮎
酒井抱一作　1761-1829

心あてに折らばや折らむ初霜の
置きまどはせる白菊の花

野菊
白磁花入　分院里

茶禅一味

禅は静にあって動を培い
茶は動にあって静を育む

瀬戸黒釉水指　染付替蓋
江戸時代

閑座聴松風（かんざしてしょうふうをきく）

口四方覆垂釜

大西家13代清右衛門 浄長作　1866-1943

薫風（くんぷう）

紅毛うつし縞文花入　真葛焼
宮川香齋作　1944-

紅爐一點雪

伊賀焼　蹲

谷本洋作　1958-

洗心

大井戸茶碗
盆出哲宣作 1971-

春風花自開

七官青磁花入
明末

以心伝心（いしんでんしん）

急須

盆出哲宣作　1971 -

和敬清寂（わけいせいじゃく）

伊賀抹茶茶碗
店主、女将 作

夏月半簾風(かげつはんれんのかぜ)

炭化水指　丹波焼
市野勝磯作　1973-

彩鳳舞丹霄

鏡餅

壷屋焼　小橋川卓史作　1969-

渓風紅似錦

けいふうくれないなることにしきににたり

織部向付

盆出哲宣作　1971-

本来無一物

無

大野昭和齋作　1912 - 1996

朝鮮唐津花入

中里無庵作　1895 - 1985

物を持つときは
人さし指の力をぬいて
中指に心をこめる

削ぎ落とす

余分を見極め、要るものだけを供する

喫茶喫飯

お茶を飲むときはお茶を飲むことに一生懸命
ご飯を食べるときはご飯を食べることに一生懸命
余計なことに囚われず、目の前のことと
「ひとつになる」

土鍋
盆出哲宣作　1971-

辛子蓮根

織部四方鉢　北大路魯山人作　1883-1959

秋刀魚塩焼き

備前四方皿　北大路魯山人作　1883 - 1959

背子蟹

ワラ灰釉水玉透平向付　真葛焼　宮川香齋作　1944-

伊勢海老数の子和え

紅葉皿　野々村仁清作　1648-1690

鰤実山椒焼

古萩手付鉢　江戸時代

うつわが語る

うつわの声を聴き、対話する

夢

ぐい呑み

小山富士夫作　1900-1975

白雲自去来

絵志野湯呑

岡部嶺男作　1919 - 1990

風送鐘声来
かぜしょうせいをおくりきたる

瓢徳利

大垣昌訓作　1865-1937

啐啄同時

黄瀬戸ぐい呑み

盆出哲宣作　1971-

清風拂明月

月　覚々斎好香合
飛来一閑作　1791-1872

壽（ことぶき）

金襴手盃
永楽和全作　1823-1896

千山錦秋賑

絵志野鎬皿

北大路魯山人作　1883-1959

宇宙無双日

東山青磁銚子一対
江戸時代

金目鯛　松茸　菊花

輪島塗　稲穂　尚古堂作　平成時代

鳥貝と菜の花　黄味酢掛け

萬暦鳳凰リム皿　廣野俊彦作　1961-

今日是好日

折敷

大野昭和斎作　1912-1996

聖朝無棄物（せいちょうにきぶつなし）

青交趾椿葉皿

永楽即全作　1917－1998

直観

月日を重ねた職人の閃きを信じ

鰆松の実焼
古備前　桃山時代

無花果と柿の白和え

昂子赤絵桝鉢　永楽和全作　1823-1896

鯛

向菱鶴向付　楽9代吉左衛門 了入作　1756-1834

巻繪菓子皿

土佐光貞画　1738-1806　　戸澤左近造　江戸時代

ちらし寿司

斗々屋写小鉢　真葛焼　宮川香齋作　1944-

牡蠣大根

古伊万里瓔珞文蓋物　1748-1868

蕪と百合根
呉須赤繪茶碗　明末

渡り蟹すり流し

粉引向付　細川護熙作　1938-

車海老　分葱　ぬた
古染付扇皿　明末

苺ゼリー寄せ

浅黄交趾菓子皿　小峠丹山作　1946-

小太海老唐揚げ

黒釉帆立皿　盆出哲宣作　1971-

四季を感じて

五感で知る、季節の移ろい

守破離（しゅはり）

鮎塩焼き
絵唐津大皿　盆出哲宣作　1971-

鮎

鮑煮麺

輪島塗　花火（表）　尚古堂作　平成時代

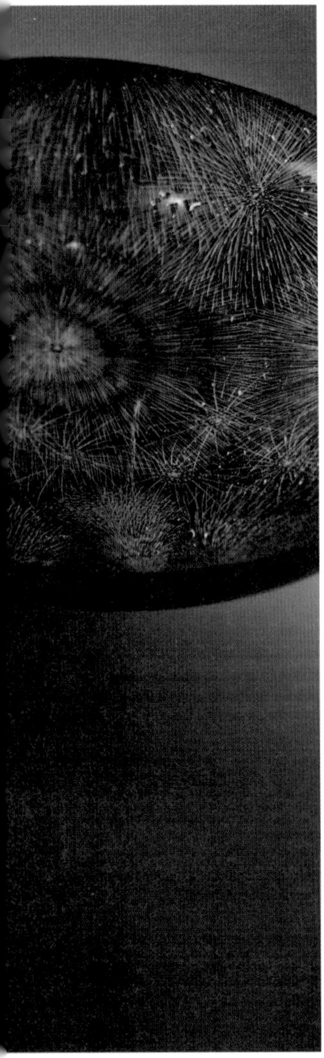

蒸鮑と焼茄子
輪島塗　花火（裏）　尚古堂作　平成時代

かます棒寿司

黒釉輪花鉢　盆出哲宣作　1971-

白鷺サーモン

帆立と法蓮草の胡麻和え

黄交趾茶碗　永楽妙全作　1852-1927

鰻かば焼き
備前焼　永末隆平作　1951-

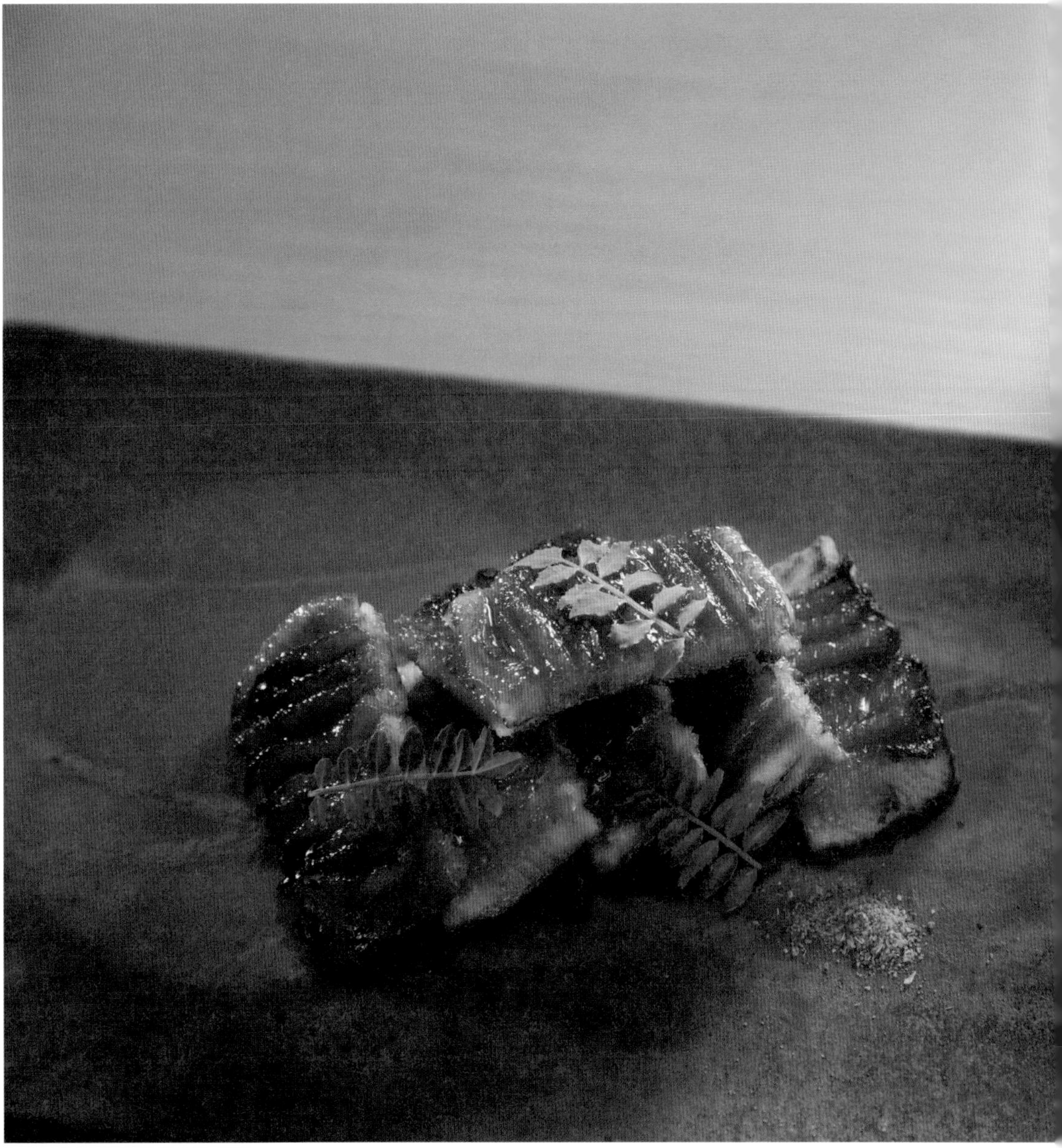

蕪蒸し

鹿蝙蝠紋蓋物　永楽妙全作　1852-1927

鯛茶漬け

秀衡椀　川端近左作　1915-1999

鮑と芽蕪

七宝舟形透かし鉢　楽12代吉左衛門 弘入作　1756-1834

虎魚おかき揚げ

染付炭道具の絵中皿　真葛焼　宮川香齋作　1944-

猪肉　小芋　法蓮草

唐津皮鯨鉢　盆出哲宣作　1971-

なまこ酢

赤絵菱鉢　黒岩卓実作　1947-

車海老としろ菜

古染付捻り祥瑞　明末

無事千秋楽（ぶじせんしゅうらく）

黒楽茶碗
楽6代吉左衛門 左入作　1685-1739

淡々として水の流れるがごとく

淡流という店名は、表千家の点前で理想とされる「淡々として水の流れるがごとく」という言葉からきています。所作が自然で飾り気がなく、簡素さのなかに心がこもっている奥ゆかしさをよしとするこの教えは、そのまま私が理想とするもてなしの指針となり、店を経営するうえでの判断のすべてに息づいています。茶の稽古を積むこと、その修養を日々の暮らしの心がけとすることは、いまの私にとってなくてはならないものです。

大学卒業後、オーストラリアの日本料理店で料理人としてスタートした私は、ドバイの系列店に転勤したのちに帰国し、日本でいちから料理を学び直したいという思いで東京の料亭「赤坂潭(たん)亭」の門を叩きました。当時すでに二十五歳。海外での勤務経験しかなかったこともあり、そこで自分の無知を痛感しました。店では年齢など関係なく、新しく入った私は十代の料理人たちよりも格下からはじめることになりました。それでもそこから、一日でも早く一流の料理人になれるよう寝る間を惜しんでひたすら料理に没頭し、少しでも時間があれば日本料理の本を読み、知識を吸収していきました。

店名は書家・堀真澪氏による揮毫

早朝、クレソンを摘みに

潭亭では月に一度、書道・茶道・華道の先生をお呼びして、料理人に素養をつけさせるために稽古の時間がもうけられていました。料理だけでなく掛け軸や花、空間づくりそのものの大切さについて理解を深めなくてはならないと教えていただき、うつわの世界にも興味をもつきっかけになりました。

次に修行させていただいたのは、私がこれまでの人生でもっとも影響を受けた料理人、奥田透氏の日本料理店「銀座 小十（こじゅう）」です。「小十」では、これまでの努力はなんだったのか？と自分に問いかけるほどの衝撃を受けました。料理人たちのレベルの高さに、頭を丸めて気合いを入れ直したことを今でも覚えています。朝から調理場に入り、気が付けば翌日の早朝という日も多々ありました。負けず嫌いな性格で、がむしゃらに頑張っているうちに八寸場、焼き場、煮方と持ち場が変わっていき、三年目には料理長を任され、その後は新規開店した系列店で寿司をにぎる経験もさせていただきました。店では海外からのお客様も多かったので、私が英語で料理の説明をさせてもらう機会が度々ありました。英語が好きで、料理と英語を同時に学びたいという思いからオーストラリアやドバイで過ごしていたことが、ここにきて仕事で生かされ、どんなことでも真剣にやった経験は無駄ではないと実感することができました。

「小十」で五年半の修行をさせていただき、自分自身がもっと成長するためにも、郷里に戻って自ら店を構えることにしました。淡流を開店してからのほとんどをコロナ禍で過ごすことになりましたが、ありがたいことに全国から贔屓にしてくださるお客様が多くあり、身に余る評価をいただくことも最近は増え、やりがいを感じる日々を送っています。

これまでご指導いただいた奥田透氏をはじめとする諸先輩方からは、言葉では言い尽くせないほどたくさんのことを学ばせていただきました。先輩方の手本を忠実になぞり、自分のものとし、さらに発展させていく。この守破離（しゅはり）の精神は、茶道の教えのひとつでもあります。また、茶道の先生から常々ご指導いただいている「稽古とは一より習い十を知り十よりかえるもとのその一」の教えを忘れず、いつかは先輩方に追いつき、自分の道を切り拓いていけるよう、精進していく所存です。

店で働いてくれている後進たちの育成はもとより、食育や料理講習などの地域貢献も含め、自分が正しいと思うものを貫き、料理人として自分がどこまでできるのかを模索していくことが結果につながると信じています。

最後になりますが、本書に掲載されている料理やうつわ、店舗の撮影は私が信頼する写真家・蛭子真（えびすしん）さんにお願いしました。ほかにも本書の制作にあたり、ご協力いただきましたすべての方に深く謝意を表します。

女将として店を支えてくれている妻・香（かおり）とともに、私なりの完成形を追い求め、これからも愚直に、毎日ひたむきな努力を積んでまいります。

女将とともに

日本料理 淡流

店主 **中江 悠文**（なかえ・ひさふみ）

兵庫県高砂市出身。表千家講師。日本ソムリエ協会 認定ソムリエ。

大学在学中に料理と英語に魅了され、卒業と同時に単身オーストラリアへ渡り、料理の道へ進む。帰国後、二十五歳で東京「赤坂 潭亭」の門を叩く。二十六歳で「銀座 小十」へ移り、おもてなしの心やうつわの魅力、〝日本料理〟を学ぶ。三年目には料理長に就任。三十三歳で故郷での開業をめざし兵庫県へ戻る。その後、赤穂市内の旅館「銀波荘」にて料理長を務め、地産地消を意識した高いクオリティの料理が評判を呼ぶ。酒蔵「岡田本家」で酒造りを学んだのち、二〇一九年四月、三十六歳で「日本料理 淡流」を開店。翌年より同店が雑誌『婦人画報』、『FIGARO japon』等で遠くてもわざわざ訪れたい本格的な日本料理店として取り上げられるようになり、二〇二三年には世界的に有名な美食ガイド『ゴ・エ・ミヨ』に掲載される。

日本料理 **淡流**
兵庫県姫路市朝日町五八 メゾンソレイユ一階
電話番号 〇七九-二四〇-八八七二

日本料理 淡流の一期一会

2023年7月5日　初版第1刷発行

著　中江 悠文
撮影　蛭子　真（p42,p176をのぞく）

発行者　浦谷さおり
発行所　株式会社 金木犀舎
〒670-0922 兵庫県姫路市二階町80番地
TEL 079-229-3457 ／ FAX 079-229-3458
https://kinmokuseibooks.com/
印刷・製本　シナノ書籍印刷株式会社

ISBN 978-4-909095-39-8　C0070